BEI GRIN MACHT SICH IHR WISSEN BEZAHLT

- Wir veröffentlichen Ihre Hausarbeit, Bachelor- und Masterarbeit

- Ihr eigenes eBook und Buch - weltweit in allen wichtigen Shops

- Verdienen Sie an jedem Verkauf

Jetzt bei www.GRIN.com hochladen und kostenlos publizieren

Bibliografische Information der Deutschen Nationalbibliothek:

Die Deutsche Bibliothek verzeichnet diese Publikation in der Deutschen Nationalbibliografie; detaillierte bibliografische Daten sind im Internet über http://dnb.d-nb.de/ abrufbar.

Dieses Werk sowie alle darin enthaltenen einzelnen Beiträge und Abbildungen sind urheberrechtlich geschützt. Jede Verwertung, die nicht ausdrücklich vom Urheberrechtsschutz zugelassen ist, bedarf der vorherigen Zustimmung des Verlages. Das gilt insbesondere für Vervielfältigungen, Bearbeitungen, Übersetzungen, Mikroverfilmungen, Auswertungen durch Datenbanken und für die Einspeicherung und Verarbeitung in elektronische Systeme. Alle Rechte, auch die des auszugsweisen Nachdrucks, der fotomechanischen Wiedergabe (einschließlich Mikrokopie) sowie der Auswertung durch Datenbanken oder ähnliche Einrichtungen, vorbehalten.

Impressum:

Copyright © 2015 GRIN Verlag, Open Publishing GmbH
Druck und Bindung: Books on Demand GmbH, Norderstedt Germany
ISBN: 9783668257603

Dieses Buch bei GRIN:

http://www.grin.com/de/e-book/335815/moral-und-recht-in-der-wirtschaftsethik-die-fussball-weltmeisterschaft

Marcel Christ

Moral und Recht in der Wirtschaftsethik. Die Fußball-Weltmeisterschaft 2022 in Katar

GRIN Verlag

GRIN - Your knowledge has value

Der GRIN Verlag publiziert seit 1998 wissenschaftliche Arbeiten von Studenten, Hochschullehrern und anderen Akademikern als eBook und gedrucktes Buch. Die Verlagswebsite www.grin.com ist die ideale Plattform zur Veröffentlichung von Hausarbeiten, Abschlussarbeiten, wissenschaftlichen Aufsätzen, Dissertationen und Fachbüchern.

Besuchen Sie uns im Internet:

http://www.grin.com/

http://www.facebook.com/grincom

http://www.twitter.com/grin_com

OTTO-FRIEDRICH-UNIVERSITÄT BAMBERG

LEHRSTUHL/PROFESSUR FÜR BETRIEBSWIRTSCHAFTSLEHRE

Grundlagen der Wirtschaftsethik

Essay

Das Verhältnis von Moral und Recht und dessen Bedeutung für die Wirtschaftsethik

—

Die Fußball-Weltmeisterschaft 2022 in Katar

Sommersemester 2015

Marcel Christ

Inhalt

1. Einleitung 2

2. Moral und Recht 3

3. Moral und Recht in der Wirtschaftsethik 9

4. Das Beispiel der WM 2022 in Katar 10

5. Fazit 11

Literaturverzeichnis 13

1. Einleitung

Mehr als 4.000 Tote. Laut Sharan Burrow, Generalsekretärin der International Trade Union Confederation, ist das die Zahl an Menschen – nämlich Gastarbeiter aus Ländern wie Indien oder Nepal, welche als billige Arbeitskräfte für die fristgerechte Errichtung der Spielstätten eingesetzt werden – die noch vor Beginn der FIFA Weltmeisterschaft 2022 in Katar ihr Leben aufgrund der menschenunwürdigen, gefährlichen Arbeitsbedingungen verloren haben werden (E:60 Report, 2015). Die FIFA (Fédération Internationale de Football Association), ein nicht-gewinnorientierter Verein mit konzernähnlicher Struktur bestehend aus den sechs Kontinentalverbänden AFC (Asien), CAF (Afrika), Concacaf (Nord-/Mittelmarika), Conmebol (Südamerika), OFC (Ozeanien) und UEFA (Europa) wurde 1904 in Paris gegründet (FIFA, 2015). Eingetragen im Handelsregister verpflichtet sich die FIFA im Sinne des Artikels 60 ff. des Schweizerischen Zivilgesetzbuches, ihre Mittel zur „Verbesserung und weltweiten Verbreitung des Fußballs insbesondere durch Jugend- und Entwicklungsprogramme" zu verwenden (ebd.). Im Gegensatz zu Kapitalgesellschaften zahlt die FIFA als nicht gewinnorientierter Verein nach Schweizer Steuerrecht 4 % Steuern auf ihren Reingewinn, während Kapitalgesellschaften mit 8 % auf den erwirtschafteten Gewinn besteuert werden (Tages Anzeiger, 2011). Ihre steuerliche Sonderstellung begründet die FIFA damit, dass stets die völkerverbindende Wirkung den Zweck der eigenen Aktivitäten bildete (FIFA, 2015). Nun ist jedoch in der Ausbeutung und der fahrlässigen Tötung von Gastarbeitern, welche sich im Rahmen der Vorbereitung der Fußball-WM 2022 in Katar vollziehen, kein völkerverbindendes Wirken zu erkennen. In vorliegender Arbeit wird daher der Frage nachgegangen, welche Verantwortung der FIFA in dieser Situation aus wirtschaftsethischer Sicht zuteilwird. Dazu werden im Folgenden zunächst die Begriffe Moral und Recht definiert, gegeneinander abgegrenzt sowie Wechselbeziehungen herausgearbeitet. Anschließend erfolgt die Darstellung der Bedeutung von Moral und Recht in der Wirtschaftsethik am Beispiel der Aktivitäten und Gebaren der FIFA im Hinblick auf die Situation der Gastarbeiter in Katar. Die Arbeit schließt mit einem Blick auf mögliche Handlungsalternativen.

2. Moral und Recht

Der Mensch ist ein stets zugleich vorstellendes, begehrendes und fühlendes Wesen. Das Vorstellen des Menschen wird ermöglicht durch seine sinnlichen Empfindungen, die äußeren, wie hart oder süß, und die inneren, wie Schmerz oder Sehnsucht, sowie seinen Verstand, d. h. sein Denken in Begriffen und Begründungen, seine Intelligenz. Er ist das Subjekt seines Vorstellens und kann nur das begehren, was er sich vorzustellen vermag. Folglich muss das Subjekt des Begehrens immer auch das Subjekt des Vorstellens sein, nämlich das Ich. Keinesfalls jedoch begehrt ein Mensch schon alleine deshalb, weil er im Stande ist sich etwas vorzustellen, z. B. erlaubt nach vier Tagen ohne Wasser in der Wüste die Vorstellung eines Getränks, dieses überhaupt zu begehren. Nach ausreichender Flüssigkeitszufuhr wird das Begehren nach einem Getränk gestillt sein, die Vorstellung desselben ist aber nach wie vor möglich.

Wann immer eines seiner Begehren befriedigt wird empfindet der Mensch das Gefühl von Lust, die Zufriedenheit darüber, dass das Begehren gestillt wurde. Die Nicht-Erfüllung eines Begehrens dagegen führt zu Unlust, zu Unzufriedenheit, Frust oder Unruhe. Das Begehren selbst ist zum einen von Unlust begleitet, als Ausdruck eines gegenwärtig bestehenden nicht befriedigten Bedürfnisses. Zum anderen ist ein Begehren immer dann auch von Lust begleitet, wenn sich das begehrende Individuum die Befriedigung vorstellen kann, also die Erfüllung des Begehrens gedanklich fingiert. Dabei begehrt der Mensch nicht etwa das Begehren sondern die Erfüllung des Begehrens mittels eines Mittels. Er begehrt also, neben der Erfüllung seines Begehrens, das oder die Mittel selbst, welche er als nützlich oder geeignet erachtet, um sein Streben zu befriedigen. Die individuelle verschiedene Denkleistung oder Intelligenz führen dazu, dass sich unterschiedlichen Menschen unterschiedliche Mittel zu Bedürfnisbefriedigung erschließen können. Die sinnlichen Begehren des Menschen, seine Neigungen, sind stets individuell und zufällig. Dementsprechend bewertet bspw. eine Person, die Selbstmord verüben möchte, einen giftigen Pilz möglicherweise als nützlich, wohingegen der gleiche Pilz von einer hungrigen Person als schädliches Mittel zur Stillung des Hungergefühls eingestuft würde.

Nun wäre der Mensch aber, sofern er sich denn nur in der Lage befände, sinnlich begehren zu können, gleichzusetzen mit einem intelligenten Tier[1]. Der Mensch als ein ver-

---

[1] Ein intelligentes oder verständiges Tier unterscheidet sich von einem bloßen, d. h. rein instinktgeleiteten, Tier dadurch, dass es mittels Verstandesgebrauchs die zeitliche Perspektive bei der Befriedigung sinnlicher Begehren mit einbezieht, also eine langfristige Lust-Unlust-Bilanzierung vornimmt, z. B. ein-

nunftbegabtes Wesen, das anders begehren kann, bedarf daher eines Motives, welches es ihm erlaubt, sein sinnliches Begehren zu kultivieren. Dieses Motiv ist die *Sittlichkeit*, die *Moral*. Das *Moralprinzip* oder *Sittengesetz* verpflichtet den Menschen, nur entsprechend derjenigen Maxime zu handeln, welche als allgemein gültiges Gesetz für alle denkbar ist und sich und andere niemals nur als Mittel sondern immer auch als Selbstzweck zu behandeln. Dementsprechend kann es nicht Pflicht sein, nach den eigenen Neigungen zu handeln, da diese niemals als für alle bindende Gesetze gedacht werden können. Und behandelte eine Person, einen anderen Menschen als bloßes Mittel, z. B. rettete Person A Person B nur aus einem brennenden Haus, um sich anschließend als Held zu profilieren, nicht jedoch um des zu Rettenden willen, so gebrauchte sie B lediglich als Mittel und forderte diese Maxime als allgemein gültiges Gesetz, womit sie ihrer eigenen Vernunft widerspräche. Das Sittengesetz ist, im Unterschied zum bloß komparativ allgemeinen sinnlichen Begehren, streng allgemein, d. h. es lässt keine Ausnahmen zu, da es vom Menschen allein anhand der Vernunft und unabhängig von jeglicher Sinneserfahrung objektiv als unbedingte Pflicht zu erkennen ist. Diese unbedingte, rein rational Pflicht ist sich selbst Zweck, d. h. sie hat einen absoluten Wert und ist, anders als sinnliche Begehren, nicht durch Mittel bedingt.

Sowohl im sinnlichen wie auch im sittlichen Begehren ist der Mensch andeterminiert. Andeterminiert, weil der Mensch nicht beschließen kann zu begehren, z. B. Durst zu haben oder einen pädophilen Trieb zu verspüren, oder nicht zu begehren. Andeterminiert, weil der Mensch im Gegensatz zum durchdeterminierten Tier die freie Wahl hat, also selbst – und zwar nur selbst – entscheiden kann, entweder die sinnliche oder die sittliche Andeterminierung durchzuführen, z. B. dem pädophilen Trieb nachzugeben oder diesen zu bearbeiten. Der Mensch als endliches Vernunftwesen hat, im Gegensatz zu einem unendlichen Vernunftwesen (oftmals als „Gott" bezeichnet), die Wahl, sich entweder eine sittliche oder unsittliche, böse Maxime aufzuerlegen. Aufgrund der für einen jeden Menschen, im Gegensatz zu einem Tier, bestehenden freien Wahlmöglichkeit muss letztere als unsittlich oder böse und nicht etwa sinnliche Maxime gelten. Andernfalls müsste einem Vergewaltiger die Argumentation, er habe nach seiner sinnlichen Maxime gehandelt, zugestanden werden. Falls die selbst auferlegte Maxime die Sittlichkeit ist, erfolgt die Durchdeterminierung anhand des allgemein gültigen moralischen Prinzips mittels des eigenen Willens durch die Person selbst.

---

maliger oder nur gelegentlicher Alkoholkonsum vs. ständiger Alkoholkonsum. Beiden, dem bloßen und dem verständigen Tier, ist es jedoch ausschließlich möglich, sinnlich zu begehren.

Eine jede Person als endliches Vernunftwesen ist also in der Lage sowohl aus Neigung als auch aus Pflicht zu handeln. Im Konfliktfall[2] zwischen Neigung und Pflicht soll – nicht „muss", da sonst aufgrund nicht vorhandener Wahlfreiheit eine Durchdeterminierung vorläge – immer die Pflicht über die Neigung gestellt werden. Denn alleine die Handlungen aus der moralischen Pflicht heraus sind als objektives Prinzip allen Begehrens vorstellbar[3] und daher als sittlich zu beurteilen, nicht aber solche, bei denen zufällig Neigung und Pflicht zusammenfallen, also aus Neigung aber pflichtgemäß gehandelt wurde. Andernfalls wäre die Sittlichkeit abhängig von individuellen, vorübergehenden Neigungen und damit nicht zu unterscheiden von den sinnlichen Begehren. Der Mensch, er wäre ein intelligentes Tier.

Alleine die angeborene Freiheit, die Fähigkeit, das Sittengesetz zu erkennen und somit sittlich und damit anders als bloß sinnlich handeln zu können, verleiht dem Menschen – unabhängig von seinen tatsächlich ausgeführten Handlungen und ungeachtet körperlicher oder geistiger Dispositionen – seine Würde. Eine Würde, welche weder genommen noch verloren noch abgegeben werden kann. Denn, keinem Menschen, ganz gleich welche unsittlichen Handlungen dieser zu verantworten hat, kann jemals die Fähigkeit abgesprochen werden, zur Sittlichkeit zurückzukehren, da die ihm innewohnende sittliche Veranlagung – und damit seine Würde – angeboren ist und nicht verwirkt werden kann. Subjekt des eigenen Willens ist jedoch stets das Ich. So kann ein jedes Individuum immer nur für sich selbst beschließen, das Sittengesetz zu achten, d. h. sich die sittliche Maxime aufzuerlegen. Durch diese autonome Entscheidung drückt der Mensch die Achtung vor sich selbst als einem zu Sittlichkeit fähigem Wesen aus. Ein Verstoß gegen die sittliche Pflicht ist daher nichts anderes als eine Verletzung der eigenen sittlichen Würde sowie der Selbstachtung.

Das Sittengesetz appelliert also an die Sittlichkeit der Menschen und ordnet deren Begehren. Die moralische Pflicht und der Appell an selbige allein stellen die Handlungsfreiheit aller jedoch nicht sicher. So ist es denkbar, dass ein Mensch aller moralischen Appelle zum Trotz seinem unmoralischen Begehren entsprechend handelt und z. B. eine Vergewaltigung begeht. Gäbe es nichts als das Moralprinzip, widerführe dem Vergewaltiger wohl Tadel und gesellschaftliche Ächtung. Falls aber der Lustgewinn durch die Vergewaltigung die erfahrene Unlust durch Tadel, Ächtung oder Ermahnungen über-

---

[2] Selbstverständlich ist das sinnliche Begehren nicht per se schlecht, böse oder unsittlich und darf immer dann befriedigt werden, wenn es durch das Sollen, des Moralprinzip, legitimiert ist.
[3] Handelte ein jeder Mensch innerhalb einer Wirksphäre ausschließlich aus Neigung, führte das gerade dazu, dass nicht jeder frei nach seiner Neigung handeln könnte. Eine solche Maxime wäre nicht als Gesetz allen Begehrens denkbar.

wiegt, ist mitnichten davon auszugehen, dass der Täter künftig Anstrengungen unternehmen wird, um seinen unmoralischen sinnlichen Begehren Einhalt zu gebieten. Vielmehr muss angenommen werden, dass die positive Lustbilanz dazu verleitet, dieses Begehren erneut sowie möglicherweise weitere unmoralische Begehren befriedigen zu wollen.

Wie im Beispiel angedeutet führt eine totale Abwesenheit von Beschränkung der Handlungsfreiheit zu Unfreiheit bzw. totaler Willkür, zumindest immer dann, wenn sich mehr als eine Person in einer Wirksphäre befindet. Deshalb ist für solche (Not-)Fälle, in denen der moralische Appell nicht genügt bzw. ein Mensch nicht so handelt, wie er es nach dem Sittengesetz soll, ein weiteres Instrument notwendig, welches die Handlungs- bzw. Wirkfreiheit beschränkt. Allerdings hätte eine totale Beschränkung der Handlungsfreiheit ebenso Unfreiheit zur Folge wie eine Nichtbeschränkung. Auch ist es aber undenkbar, dass sich Menschen gegenseitig nicht in ihrer äußeren Freiheit beschränken, da z. B. ein jeder durch seine Existenz alleine immer einen physischen Raum beansprucht, in dem sich zugleich kein anderes Individuum aufhalten kann. Zu bedenken ist auch, dass die Freiheit des Menschen durch sich selbst legitimiert ist, weshalb nicht diese einer Legitimation bedarf, die Beschränkung dieser Freiheit jedoch unbedingt nach einer Begründung, einem Kriterium verlangt. Dieses Kriterium ist das *Recht*.

Das *Rechtsprinzip* sichert die Wirk- bzw. Handlungsfreiheit aller Menschen. Es ordnet, in Ergänzung zum Moralprinzip, die Handlungen der Individuen, ungeachtet der Un-/Sittlichkeit des zugrundeliegenden Begehrens. Grundlage für das Rechtsprinzip muss eine allgemein gültige Definition des Rechtsbegriffs überhaupt sein. Dieser kann nur a priori mittels Gebrauchs der Vernunft erkannt bzw. gefunden werden. Erkannt bzw. gefunden und nicht etwa definiert, da es sich hierbei (vergleichbar mit dem Satz des Pythagoras) um ein immer gültiges, in sich selbst begründetes Prinzip handelt und der Mensch nicht abhängig von individuellen oder mehrheitlichen Auffassungen, Ansichten oder Launen sondern bereits durch das Menschsein an sich als Rechtssubjekt gilt. Gälte z. B. das als Recht, was (von einem Diktator, einem Parlament oder der Gesellschaft) als Recht beschlossen wird, ermöglichte das die Legitimation von Rassengesetzen und Willkürherrschaft. Genauer gesagt führte die Abwesenheit eines absoluten Rechtsbegriffs dazu, dass es kein Unrecht gäbe. Denn, wo kein absoluter Rechtsbegriff als Maßstab, da kein Unrecht. Deshalb muss ein absoluter, rein rationaler – und nicht etwa empirischer – Rechtsbegriff als Grundlage für alle anderen Rechte und Gesetze existieren.

Dieses unveränderbare *Vernunftrecht* (bisweilen auch als Naturrecht[4] bezeichnet) lässt sich beschreiben als der Inbegriff der Bedingungen, unter denen die Wirkfreiheit aller Personen derselben Wirksphäre vereinbar ist. D. h. jede Person als Vernunft- und Freiheitswesen innerhalb einer Wirksphäre soll ihre Wirkfreiheit mit dem Gedanken an die Wirkfreiheit aller anderen, also unter Berücksichtigung möglicher Wechselwirkungen, beschränken. Im Gegensatz zum kategorischen Imperativ handelt es sich hierbei um einen hypothetischen, d. h. bedingten, Imperativ, sodass die Beschränkung der eigenen Wirkfreiheit mit Blick auf die Vereinbarkeit mit der Wirkfreiheit anderer Personen derselben Wirksphäre unter der Prämisse erfolgt, dass alle anderen Personen innerhalb der Wirksphäre eben demselben Imperativ folgen.

Das Vernunftrecht etabliert also einen natürlich geltenden (Rechts-)Vertrag zwischen allen Menschen einer Wirksphäre. Da jeder Mensch ein Recht auf Recht, niemand jedoch ein Recht auf Unrecht innehat, wird dieser Vertrag einseitig aufgelöst, sobald ein Mensch einem anderen mit Unrecht begegnet. Ein Räuber bspw., der versucht, einer Person gewaltsam deren Tasche zu entwenden, hebt durch seine Handlung den Rechtsvertrag zum Opfer auf, sodass für dieses das Recht des Räubers nicht länger als Pflicht anzusehen ist und es daher die Wirkfreiheit des anderen, wenngleich natürlich nur in einem im Bezug auf die konkrete Situation verhältnismäßigem, also vernünftigem, Maße, zum Zwecke des Selbstschutzes beschränken kann. Da das Vernunftrecht absolut ist, bildet es die Legitimationsgrundlage überhaupt für jedes positive Recht und alle Gesetze. Eine Handlung kann jedoch, je nachdem ob das Vernunftrecht bei der Positivierung des Rechts berücksichtigt wurde, legal aber illegitim, z. B. Steinigung von Ehebrechern in manchen muslimischen Ländern, illegal und legitim, z. B. jegliche Form des Widerstands gegen den Genozid im Dritten Reich, oder illegal und illegitim sein, z. B. Zwangsprostitution in Deutschland. In anderen Worten: kein wie auch immer verabschiedetes oder begründetes positives Gesetz entbindet vom Vernunftrecht. Allerdings besteht, da die Positivierung des Vernunftrechts mittels der menschlichen Urteilskraft erfolgt, auch ein gewisser Spielraum, sodass in verschiedenen Staaten zwar voneinander abweichende aber legitime Gesetze existieren können, z. B. unterschiedliche Geschwindigkeitsbeschränkungen für Autofahrer.

---

[4] In dieser Arbeit wird der Begriff Vernunftrecht dem Begriff Naturrecht vorgezogen, da die Legitimation desselben nicht in der Natur sondern in der Vernunft liegt. Wäre das absolute Recht durch die Natur legitimiert, müssten alle solchen Handlungen entgegen der eigenen Legitimationsgrundlage, z. B. sich rasieren, als illegitim eingestuft werden.

Bis hierhin handelt es sich bei dem universell geltenden Rechtsvertrag jedoch nur um einen freiwilligen Vertrag, welcher einem jeden Menschen lediglich das Recht zur Notwehr garantiert. Das Vernunftrecht muss daher den Vorbehalt von Zwang implizieren, sodass sichergestellt wird, dass die aus dem Rechtsbruch gewonnene Lust kleiner ist als die aus der Rechtsanwendung resultierende drohende Unlust. Ein Zwang, der sich Sanktionen als Anreiz bedient und somit dafür sorgt, dass der Rechtsvertrag innerhalb einer Wirksphäre eingehalten wird oder diejenigen, die sich nicht an den Vertrag halten wollen, die Wirksphäre, z. B. das Land, verlassen. Hierfür ist es unabdingbar, dass die Individuen in einer Wechselwirkungssphäre mit mindestens zwei Individuen sowohl die juristische Gewalt, Recht zu sprechen als auch die physische Gewalt, Recht durchzusetzen, bedingt an eine überparteiliche, objektive Instanz abgeben, z. B. an Parlament und Bundesverfassungsgericht, während einzig das Notwehrrecht zurückbehalten wird. Die Bedingung besteht darin, dass die Abtretung der Rechtsmacht nur so lange erfolgt, wie die unparteiische Instanz das Recht i. S. des Vernunftrechts sichert. Sobald die Wirkfreiheit aller nicht länger durch die jeweilige Instanz gesichert ist, erfolgt die Rücknahme der Rechtsmacht durch die Individuen, welche sich dann verpflichtet sehen, von ihrem Widerstandsrecht i. S. eines Notwehrrechts Gebrauch zu machen. Entscheidend ist, dass sich sowohl juristische als auch physische Macht in der Hand der überparteilichen Instanz befinden, um Urteile bzw. Recht zu sprechen und diese auch vollstrecken, also mittels Zwangsmacht ausüben, zu können. Wäre nicht eine dritte, überparteiliche Instanz sondern lediglich die involvierten Parteien mit der Rechtssicherung zuständig, führte das zu Selbstjustiz.

Zusammenfassend richtet sich die Moral bzw. das Sittengesetz an die innere Freiheit des Menschen, sein sinnliches und sittliches Begehren, wohingegen das Vernunftrecht unmittelbar auf die äußere Freiheit von Personen wirkt und die Vorbedingung und Grundlage für alle positiven Gesetze bildet. Ziel des Rechts ist es demzufolge nicht die Moral aller – denn diese kann jeder nur für sich selbst gewährleisten – sondern die Handlungsfreiheit aller zu garantieren. Höherer Zweck des Rechts ist somit die Ermöglichung einer sittlichen Gemeinschaft, nicht jedoch die Verwirklichung einer solchen, da dies wiederum abhängig vom sittlichen Begehren der einzelnen ist. Da der Wille nur durch das Selbst beeinflusst werden kann, kann es nicht rechtlich verpflichtend sein, sittlich zu wollen. So ist weder das Recht aus der Moral noch die Moral aus dem Recht abgeleitet oder das eine durch das jeweils andere zu begründen. Zwischen den beiden Grundprinzipien können zwar Widersprüche auftreten, jedoch niemals ein absoluter. So sind legale oder legitime aber unmoralische Handlungen oder Begehren, z. B. eine außereheliche Affäre, denkbar, jedoch keinesfalls eine moralische und zugleich illegitime oder, bei Positivierung des Rechts auf Basis des Vernunftrechts, illegale Handlung oder ein entsprechendes Begehren. Moral und Recht stellen zwei relativ autonome Bereiche der Wirklichkeit dar, da beide Lebensbereiche nicht vollständig isoliert voneinander betrachtet werden können. Moral und Recht als zwei Wirklichkeitssphären können noch nicht einmal als absolut autonome Lebensbereiche gedacht werden, da diese sonst eine jeweils eigene Wirklichkeit bildeten, welche jedoch wiederum nur als ein Teil der Wirklichkeit zu begreifen sein müsste.

3. Moral und Recht in der Wirtschaftsethik

Wie auch Moral und Recht bildet die Ökonomie – entgegen den Auffassungen des Moralismus und des Ökonomismus[5] – eine relativ autonome Prinzipiensphäre der Wirklichkeit. Die Wirtschaft zielt darauf ab, alle Begehren zu befriedigen und reguliert sich selbst nach dem Wirtschaftlichkeitsprinzip. Sie unterscheidet demnach nicht zwischen sinnlichem und sittlichem Begehren und verfolgt ausschließlich die Maximierung des Eigennutzens. Das Auftreten von Begehren allein rechtfertigt aber noch nicht die Befriedigung derselben (vgl. pädophiles Begehren), da der Mensch sonst ein bloßer homo oeconomicus, ein intelligentes Tier wäre. Die Wirtschaft ist, anders als das Sittengesetz oder das Vernunftrecht, ein Konstrukt des Menschen und daher durch den Menschen beeinflussbar. Die Vernunft und der Kategorische Imperativ sind jedoch absolut und unbedingt von äußeren Einflüssen gültig. Daher steht zum einen das Recht über der Wirtschaft, sodass nur solche (wirtschaftlichen) Handlungen legitim bzw. rechtens sind, welche in Einklang mit dem Vernunftrecht bzw. den aus dem Vernunftrecht deduzierten positiven Gesetzen stehen. Demnach ist in der Wirtschaft keine Einschränkung der Freiheit anderer über Gebühr, also in unverhältnismäßigem Maße zulässig. Zum anderen ist es die Pflicht eines jeden Menschen, bei jeglichen – und somit auch den wirtschaftlichen – Handlungen der sittlichen Maxime entsprechend zu wirken, d. h. nur solche Begehren zu befriedigen, welche durch das Sollen legitimiert sind, da das sich aus Selbstachtung und um der eigenen sittlichen Würde gerecht zu werden aufzuerlegende

---

[5] Dem Moralismus folgend müsste ein moralisch guter Mensch zugleich auch ein guter Ökonom sein. Ein Geschäftsführer, der Entscheidungen ausschließlich nach moralischen Gesichtspunkten, d. h. unter völliger Ignoranz der Regeln der Wirtschaft, trifft, wird auf Dauer jedoch keinen wirtschaftlichen Erfolg erzielen. Der Ökonomismus postuliert, dass eine jede ökonomische Handlung, zugleich auch moralisch ist. Eine strikte Fokussierung auf Effizienz stellt allerdings mitnichten die Sittlichkeit sicher.

Moralprinzip nie durch äußere, z. B. wirtschaftliche, Umstände korrumpiert werden kann. Die Fähigkeit zum sittlichen Handeln ist dem Menschen unbedingt innewohnend, weshalb die Würde grundsätzlicher ist als jedes ökonomische Prinzip. Da die Moral also rein rational über der Wirtschaft steht, eine Einflussnahme auf die Sittlichkeit des einzelnen aber immer nur vom Selbst ausgehen kann, bilden den Gegenstand der Wirtschaftsethik nun die moralischen Dilemmata, welche sich aus dem Konflikt zwischen moralischer Pflicht und wirtschaftlichen Maximen aufgrund der relativen Autonomie der Prinzipiensphären ergeben können. So können sich Wirtschaftsakteure Handlungsalternativen gegenüber sehen, welche ökonomisch aber nicht moralisch oder moralisch aber nicht ökonomisch sind. Diese gilt es in der Wirtschaftsethik mittels Urteilskraft und Diskussion zu überwinden um so Alternativen zu finden, welche sowohl ökonomisch als auch moralisch sind.

4. Das Beispiel der WM 2022 in Katar

Wie eingangs angesprochen, erfolgte die Vergabe der Fußball-Weltmeisterschaft, die Haupteinnahmequelle der FIFA, für das Jahr 2022 mit Katar an ein Land, welches das Leben von tausenden Gastarbeitern durch menschenunwürdige Arbeitsbedingungen gefährdet. Nun gibt es mehrere Möglichkeiten. Die FIFA könnte z. B. schlicht nichts von den unsagbaren Bedingungen der Gastarbeiter wissen. Man könnte annehmen, dass die FIFA im guten Glauben an und im Vertrauen in ihre Partner handelt und von diesen arglistig getäuscht wird, indem man ihnen die Umstände, unter denen die Stadien errichtet werden, vorenthält. Dieses Szenario muss allerdings alleine aufgrund zahlreicher TV-Dokumentationen sowie Berichterstattungen in verschiedenen Medien und dadurch hervorgerufene öffentliche Proteste verworfen werden (vgl. Die Welt, 2013; Handelsblatt, 2014). Darüber hinaus könnten Folter und Ausbeutung von Gastarbeitern in Einklang mit dem in Katar positiviertem Recht stehen. Jedoch ist – neben dem klaren Verstoß gegen den sittlichen Imperativ –, wie oben dargestellt, nicht das, was empirisch als Recht definiert oder mehrheitlich beschlossen ist, sondern ausschließlich durch das Vernunftrecht legitimierte Gesetze bindend. Die in einem solchen Falle rechtspositivistische Sicht der FIFA, das als Recht zu billigen, was in einem Land als Recht beschlossen ist, führte unweigerlich dazu, dass kein Unrecht existiert. Denn, wenn das, was als Recht beschlossen wird, rechtens ist, ist alles rechtens, solange es nur beschlossen wurde. Dass die Gesetzgebung Katars der Legitimationsgrundlage des Vernunftrechts entbehrt und „grausame, unmenschliche und erniedrigende Strafen" verhängt und vollstreckt war bereits im Vorfeld der Vergabe der Fußball-WM 2022 bekannt (Amnesty International, 2010). Bereits der Vertragsschluss mit einem Land, welches gegen das Vernunftrecht verstößt und die sittliche Würde des Menschen ignoriert stellte somit aus Sicht Verantwortlichen auf Seiten der FIFA eine Verletzung der eigenen sittlichen Würde sowie der Selbstachtung dar. Davon abgesehen, kann die Gültigkeit des Vernunftrechts nicht auf einen Teil einer Wirksphäre beschränkt sein. Was in der Schweiz aufgrund eines Widerspruchs zum Vernunftrecht als illegitim anzusehen ist, muss zwangsläufig im Rahmen der internationalen Zusammenarbeit ebenfalls als illegitim gelten. Eine weitere denkbare Alternative wäre, dass die FIFA-Funktionäre das Begehren eint, Menschen aus Ländern wie Indien und Nepal unter menschenunwürdigen Bedingungen zu foltern. Sie befriedigten also durch die Ausbeutung, Marter und Tötung der Gastarbeiter ihre sinnlichen Begehren und zögen daraus einen großen Lustgewinn. Dieses Szenario ist zwar theoretisch möglich und mag vielleicht sogar in irgendeiner perversen Weise mit der lokalen Gesetzgebung Katars vereinbar sein. Wie bereits angesprochen, befreien die wie auch immer gearteten positiven Gesetze eines Unrechtslandes jedoch nicht vom Gebrauch der Vernunft bzw. vom absolut und unbedingt bindenden Vernunftrecht – ganz zu schweigen von der sittlichen Verantwortung jedes einzelnen der Vertragsunterzeichner, die sittliche Pflicht über die eigene Neigung zu stellen.

5. Fazit

Ganz gleich, von welchem der beschriebenen Szenarien man ausgehen mag, ist das Geschäftsgebaren der FIFA als unmoralisch zu bewerten. Eine direkte Einflussnahme von außerhalb des Selbst auf den Willen einer Person ist jedoch nicht möglich und der Appell an die Sittlichkeit der FIFA-Verantwortlichen aufgrund der Form der Zusammenarbeit mit Katar zum jetzigen Zeitpunkt als gescheitert anzusehen. Nun hätte die FIFA in Achtung des Vernunftrechts schlicht solche Länder als mögliche Austragungsorte der Fußball-WM ausschließen können, deren Gesetze nicht mit selbigem vereinbar sind, um hierdurch ihre Haupteinnahmequelle zu sichern und zugleich nicht gegen das Vernunftrecht zu verstoßen. Dies wäre zwar denkbar, ökonomisch und legitim, änderte aber nichts an der menschenverachtenden Situation für die Bevölkerung der Unrechtsgebiete. Die FIFA-Funktionäre sind, wie alle Menschen, vor sich selbst zu Sittlichkeit verpflichtet und somit, unter Berücksichtigung der Verhältnismäßigkeit und im Rahmen ihrer Möglichkeiten, auch dazu, die menschenverachtende Behandlung von Gastarbeitern zu verhindern. Im Hinblick auf den erheblichen Einfluss, welchen die FIFA nicht nur im sportlichen sondern auch im politischen Bereich auszuüben vermag, würde die Entscheidung, Unrechtsregierungen schlicht auszuschließen unter der wirtschaftsethischen Perspektive zu kurz greifen. Denn, nicht nur in der Ökonomie sondern auch in der Moral gilt das Effizienzprinzip, sprich es gilt, mit den verfügbaren Mitteln den größtmöglichen Nutzen zu stiften. Die FIFA muss daher ihre starke Verhandlungsposition, bedingt durch den großen potentiellen Prestigegewinn sowie die wirtschaftlichen Vorteile für den Austragungsort, gegenüber Verbrechergebieten wie Katar einsetzen, um aktiv die Durchsetzung menschenwürdiger, durch das Vernunftrecht legitimierter Gesetze voranzutreiben und dadurch ein ökonomisch und moralisch effizientes Ergebnis zu erzielen. Auf diese Weise leistete die FIFA ihren Beitrag zur schrittweisen Etablierung des Vernunftrechts in der letzten Wechselwirkungssphäre, nämlich weltweit, und schaffte damit die Rahmenbedingung für die sittliche Verwirklichung des Einzelnen. Die FIFA würde ihrem Anspruch, Völker miteinander verbinden zu wollen, gerecht werden.

Literaturverzeichnis

Amnesty International (2015): Amnesty Report Katar 2010. https://www.amnesty.de/jahresbericht/2010/katar, Stand: 04.09.2015.

Die Welt (2013): Amnesty schockiert über WM-Sklavenarbeit in Katar. http://www.welt.de/sport/fussball/article122000484/Amnesty-schockiert-ueber-WM-Sklavenarbeit-in-Katar.html, Stand, 23.09.2015.

E:60 Reports (2015): Sepp Blatter and FIFA. https://www.youtube.com/watch?v=GckIxZo_wgA, Stand: 03.09.2015.

FIFA (2015): Finanzbericht 2014.

Handelsblatt (2014): Der Tribut von Katar. http://www.handelsblatt.com/sport/fussball/tausende-tote-auf-wm-baustellen-der-tribut-von-katar/9636274.html, Stand, 23.09.2015.

Tages Anzeiger (2011): Fifa zahlt 4 Prozent Steuern auf dem Gewinn. http://www.tagesanzeiger.ch/zuerich/region/Fifa-zahlt-4-Prozent-Steuern-auf-dem-Gewinn/story/16546529, Stand 03.09.2015.

BEI GRIN MACHT SICH IHR WISSEN BEZAHLT

- Wir veröffentlichen Ihre Hausarbeit, Bachelor- und Masterarbeit

- Ihr eigenes eBook und Buch - weltweit in allen wichtigen Shops

- Verdienen Sie an jedem Verkauf

Jetzt bei www.GRIN.com hochladen und kostenlos publizieren